BEI GRIN MACHT SICH IH WISSEN BEZAHLT

- Wir veröffentlichen Ihre Hausarbeit, Bachelor- und Masterarbeit

- Ihr eigenes eBook und Buch - weltweit in allen wichtigen Shops

- Verdienen Sie an jedem Verkauf

Jetzt bei www.GRIN.com hochladen und kostenlos publizieren

Bibliografische Information der Deutschen Nationalbibliothek:

Die Deutsche Bibliothek verzeichnet diese Publikation in der Deutschen National-
bibliografie; detaillierte bibliografische Daten sind im Internet über http://dnb.d-
nb.de/ abrufbar.

Dieses Werk sowie alle darin enthaltenen einzelnen Beiträge und Abbildungen
sind urheberrechtlich geschützt. Jede Verwertung, die nicht ausdrücklich vom
Urheberrechtsschutz zugelassen ist, bedarf der vorherigen Zustimmung des Verla-
ges. Das gilt insbesondere für Vervielfältigungen, Bearbeitungen, Übersetzungen,
Mikroverfilmungen, Auswertungen durch Datenbanken und für die Einspeicherung
und Verarbeitung in elektronische Systeme. Alle Rechte, auch die des auszugsweisen
Nachdrucks, der fotomechanischen Wiedergabe (einschließlich Mikrokopie) sowie
der Auswertung durch Datenbanken oder ähnliche Einrichtungen, vorbehalten.

Impressum:

Copyright © 2016 GRIN Verlag
Druck und Bindung: Books on Demand GmbH, Norderstedt Germany
ISBN: 9783668752917

Dieses Buch bei GRIN:

https://www.grin.com/document/429158

Hannes Emtmann

Analyse von Bezahlmethoden im Internet und zugehörigen Kundentypen

GRIN Verlag

GRIN - Your knowledge has value

Der GRIN Verlag publiziert seit 1998 wissenschaftliche Arbeiten von Studenten, Hochschullehrern und anderen Akademikern als eBook und gedrucktes Buch. Die Verlagswebsite www.grin.com ist die ideale Plattform zur Veröffentlichung von Hausarbeiten, Abschlussarbeiten, wissenschaftlichen Aufsätzen, Dissertationen und Fachbüchern.

Besuchen Sie uns im Internet:

http://www.grin.com/

http://www.facebook.com/grincom

http://www.twitter.com/grin_com

Seminararbeit
Informatik

Bezahlen im Internet – und darüber hinaus

vorgelegt von

Hannes Emtmann

am 08.11.2016
im Rahmen des W-Seminars
„Der Gläserne Mensch — Datenschutz und Datensicherheit in unserer Gesellschaft"
mit dem Leitfach Informatik

1   Das Internet – Ein virtuelles Einkaufszentrum

Egal ob trendige Klamotten, die neusten Elektronikartikel oder interessante Bücher, der Warenkorb ist schnell gefüllt. Shopping im Internet ist in der heutigen Zeit kaum noch wegzudenken. Geschäfte laufen hauptsächlich online ab, es existieren ganze Shoppingcenter im Internet. Brillen und Klamotten kann man sogar schon virtuell über den Computer oder das Smartphone anprobieren! Doch immer wieder kommt es zu der großen Frage, wie man seinen Einkauf am besten bezahlt. Meist werden etliche Zahlungsmethoden angeboten, welche jedoch alle ihre Vor- und Nachteile aufweisen. In dieser Arbeit möchte ich Aufschluss darüber geben, was den Kunden beim Bezahlen im Internet wichtig ist und welche Bezahlmethode zu dem einzelnen Kundentyp passt. Dazu werden die einzelnen Zahlungsmethoden vorgestellt, ihre Funktionsweise erläutert und durch eine Umfrage der Schüler aus der Oberstufe des Johann-Christian-Reinhart-Gymnasiums Hof analysiert, welche der Methoden am häufigsten genutzt werden und welche Wünsche und Werte die Kunden haben.

Diverse neuartige Zahlungsmethoden erleben derzeit einen kräftigen Aufschwung, beispielsweise Bezahlen über Near Field-Communication, kurz „NFC", via Mobiltelefon ist praktisch und geht schnell. So bietet das amerikanische Unternehmen Apple das sogenannte „Apple Pay" an. Hierbei handelt es sich um ein Zahlungssystem für hauseigene Mobilgeräte. Doch was ist Apple Pay eigentlich genau, wie funktioniert es und hat es überhaupt Zukunft? Diese und weitere neuartige Bezahlmethoden werden vorgestellt und auf die mit ihnen verbundenen Chancen und auch Nachteile erarbeitet. Der Trend zu bargeldlosen Zahlung wächst in der ganzen Welt. Aussagen von Politikern und Wirtschaftsexperten lösen Gerüchte über die Abschaffung von Bargeld aus, doch kommt es zu einer bargeldlosen Zukunft und mit welchen Folgen wäre dies verbunden? Abschließend gibt diese Arbeit einen kurzen Ausblick im Bezug zu diesem interessanten Thema.

2   Vorstellung der herkömmlichen Bezahlmethoden im Internet

Die Internetseite „statista.com" fasst in einer Statistik zusammen, wie häufig die herkömmlichen Zahlungsmethoden von Online-Händlern angeboten werden.

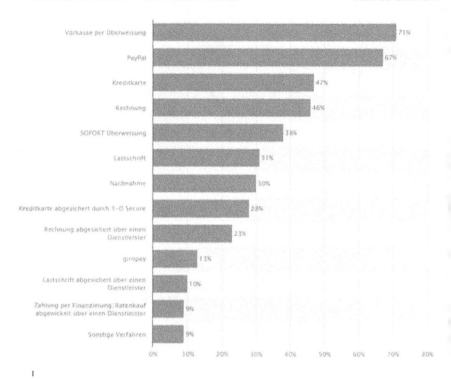

2.1 Vorkasse per Überweisung

Aus der Statistik lässt sich schließen, dass die Bezahlung per Vorkasse von 71% der befragten Online-Händler angeboten wird und somit die am stärksten etablierte Zahlungsmethode darstellt.

Die Funktionsweise der Zahlung per Vorkasse ist recht simpel. Nach der Bestellung erhält man als Käufer per E-Mail oder seltener als Brief die Rechnungsinformationen des Verkäufers, in denen alle Details zur Zahlung enthalten sind. Diese beinhalten die Kontoinformationen des Verkäufers, welche sich aus der Kontonummer, der Bankleitzahl und dem Kreditinstitut zusammensetzen. Zusätzlich kann noch eine Rechnungs- beziehungsweise Kundennummer angegeben werden. Anschließend überweist der Käufer den in der Rechnung angegebenen Betrag auf das Konto des

---

[1] Abbildung 1: Angebotene Zahlungsverfahren von Online-Händlern 2015

Verkäufers, erst nach Eingang des Geldes wird die Ware durch den Verkäufer versandt.[2]

2.1.1 SOFORT-Überweisung

Die Sofortüberweisung wird von 38% der Online-Händler zur Verfügung gestellt und ist außerdem unter den Begriffen Blitzüberweisung, Blitzgiro, Swift-Überweisung sowie Prio-1-Überweisung bekannt. Die Funktionsweise ist identisch mit der, der herkömmlichen Überweisung, jedoch erfolgt der Geldtransfer noch am Tag der Überweisung. Hierfür muss man bis spätestens 14 Uhr den Schalter der Bank aufsuchen und persönlich die Zahlungsdaten, sprich Kontonummer, den Namen des Empfängers und dessen Bankverbindung angeben. Bei einer Sofortüberweisung zu einer ausländischen Bank ist hier die IBAN und der BIC beziehungsweise SWIFT-Code anzugeben. Wenige Kreditinstitute bieten auch eine telefonische Blitzüberweisung bis 18 Uhr an. Jedoch fallen für eine solch schnelle Überweisung abhängig von dem Betrag der Überweisung und des Kreditinstituts Kosten zwischen 10 und 20 Euro an.[3]

2.2 PayPal

Die am zweithäufigsten angebotene Online-Zahlungsmethode stellt PayPal mit 67% aller befragten Online-Händlern dar.

Anders als bei den meisten Online-Zahlungsmethoden agiert PayPal nur als Mittelmann für den Geldtransfer. Um diesen Dienst nutzen zu können wird vorausgesetzt, dass Sender und Empfänger des Geldes ein virtuelles Konto bei PayPal besitzen. Die Registrierung erfordert die Angabe der persönlichen Daten sowie der Kontonummer der Bankkontos. Anschließend führt PayPal die Verifizierung in Form einer Probetransaktion durch, was durchschnittlich 3-4 Tage in Anspruch nimmt. Die Zahlung kann entweder durch PayPal-Guthaben, welches durch Überweisung des Bankkontos aufgeladen werden kann, durch einen Lastschrifteinzug oder durch Giropay erfolgen. Der Empfänger bekommt nun nach erfolgreicher Transaktion das Geld auf seinem PayPal-Konto gutgeschrieben.[4]

---

[2] Vgl. Zahlungsarten in Online-Shops - Zahlung per Vorkasse
[3] Vgl. Zahlung per Überweisung – Zahlung per Sofortüberweisung
[4] Vgl. Was ist PayPal? Ist es sicher und wie funktioniert es?

2.3 Kreditkarte

Die Bezahlung per Kreditkarte wird von 47% der Online-Händler angeboten, was sie zur dritt beliebtesten macht. Bei der Zahlung per Kreditkarte ist lediglich die Angabe der Kreditkartennummer erforderlich, jedoch kann zusätzlich nach der Kartenprüfnummer gefragt werden, welche sich auf der Rückseite der Karte befindet. Im Anschluss werden die Daten sowie die Validität geprüft und eine Übermittlung der Zahlungsdaten an die Bank des Händlers und an die Kreditkartengesellschaft durchgeführt. Anschließend erfolgt die Übermittlung an die Bank des Kunden und zuletzt wird das Konto oder die Kreditkarte des Käufers mit dem ausstehenden Betrag belastet.[5]

2.3.1 Kreditkarte abgesichert durch 3D-Secure

VISA entwickelte mit „Verified by Visa" eine innovative und besonders sichere Möglichkeit, im Internet zu bezahlen, welche mittlerweile auch von etlichen Kreditkartengesellschaften unter eigenen Bezeichnungen angeboten wird. Um diesen Service nutzen zu können ist eine einmalige Registrierung bei der jeweiligen Kreditkartengesellschaft nötig. Hierfür wird die Kartennummer, das Gültigkeitsdatum der Kreditkarte, die Kontonummer, das Geburtsdatum sowie das Festlegen eines acht- bis zwölf stelligen „SecureCode" zur Authentifizierung als Karteninhaber erfordert. Abschließend muss die Mobiltelefonnummer in den Kundendaten hinterlegt und bestätigt werden.[6] Bei der Bezahlung in Online-Shops muss der Käufer künftig die sogenannte mobileTAN angeben, welche zeitgleich per SMS an die hinterlegte Mobiltelefonnummer zugesendet wird.[7] Bei erfolgreicher Eingabe erfolgt die Autorisierung der Zahlung. Zusätzlich zur mobileTAN wird die Sicherheit noch durch eine persönliche Begrüßung erhöht. Hierbei handelt es sich um einen bei der Registrierung frei wählbaren Begrüßungstext, welcher bei jedem Online-Kaufvorgang mit Kreditkartenzahlung angezeigt wird. Die Richtigkeit dieses Textes garantiert für eine Kommunikation mit dem richtigen Server und die Sicherheit der Transaktion.[8]

---

[5] Vgl. Die Zahlung mit Kreditkarte – so funktioniert es
[6] Vgl. Sicher Bezahlen im Internet – mit 3D Secure
[7] Abbildung 2: 3D-Secure Screenshot2
[8]Vgl. Kreditkartenschutz „3D Secure"

2.4 Rechnung

Mit 46% wird die Bezahlung per Rechnung von knapp der Hälfte aller Online-Händler angeboten. Im Gegensatz zu der Zahlung per Vorkasse erfolgt bei der Rechnung die Bezahlung der Ware erst nach dem Erhalt der Ware. So liegt entweder dem Paket eine Rechnung bei oder man bekommt diese separat per Brief beziehungsweise per E-Mail. In der Regel hat man nun zwischen zwei Wochen und einem Monat zeit um den ausstehenden Betrag zu begleichen. Dies erfolgt im Normalfall per Überweisung auf das Konto des Rechnungsstellenden oder aber im Sonderfall per Scheck oder Bargeld. Für die Zahlung via Rechnung können jedoch zusätzliche Kosten anfallen, worauf jedoch in einem nachfolgenden Kapitel genauer eingegangen wird.[9]

2.5 Lastschrift

Die Zahlung per Lastschrift, welche von 31% der befragten Online-Händlern angeboten wird, unterscheidet sich in einem wesentlichen Punkt von den bisher angeführten Bezahlverfahren. Der Zahlungsempfänger erteilt seiner Bank den Auftrag über die Abbuchung des entsprechenden Betrags vom Konto des Zahlungspflichtigen. Hierbei wird im wesentlichen zwischen zwei verschiedenen Verfahren unterscheiden, dem Lastschrifteinzug mit Abbuchungsauftrag und dem Lastschrifteinzug mit Einzugsermächtigung. Bei ersterem muss der Bank des Zahlungsempfängers explizit mitgeteilt werden, dass diese das Recht hat, vom Konto des Zahlungspflichtigen abzubuchen. Durch den sehr hohen Verwaltungsaufwand, der diese Methode verursacht, ist die Lastschrift mit Einzugsermächtigung viel frequentierter. Hier erhält der Zahlungsempfänger durch den Zahlungspflichtigen die Erlaubnis, den zu begleichenden Betrag von seinem Konto abzubuchen. Dieser Vorgang wird nicht durch die Bank geprüft, was einen hohen Verwaltungsaufwand umgeht. Die Einzugsermächtigung muss jedoch schriftlich erteilt werden, was einen Missbrauch vorbeugen soll. Bei der Bezahlung per Lastschrifteinzug in Online-Shops ist die Angabe der Kontodaten und persönlichen Informationen nötig.[10]

---

[9]Vgl. Zahlungsarten in Online-Shops – Zahlung auf Rechnung
[10]Vgl. Zahlungsarten in Online-Shops – Zahlung per Lastschrift

2.6 Nachnahme

Die Zahlung per Nachnahme ist mit 30% eine immer noch sehr beliebte Methode um in Online-Shops zu bezahlen, jedoch aber auch die älteste. Denn schon im Jahre 1850 werden Nachnahmesendungen durch den deutsch-österreichischen Postvereinsvertrag durchgeführt. Zwar hat sich in der vergangenen Zeit bei der genauen Umsetzung und den Kosten etliches geändert, jedoch ist das Grundprinzip immer noch dasselbe. Die Ware wird nicht wie bei anderen Zahlungsmethoden im Voraus bezahlt, sondern erst bei der Übergabe des Paketes. Dieses bezahlt man direkt bei dem Postboten in bar beziehungsweise mit einer von dem entsprechenden Versandhaus angebotenen Zahlungsmethode. Hierbei kann man die Ware vor der Bezahlung prüfen und bei eventueller Beschädigung direkt reagieren. Da das Logistikunternehmen bei der Zahlung per Nachnahme für den Einzug und die Weiterleitung des Geldes an das beauftragte Unternehmen verantwortlich ist und somit zusätzlichen Arbeitsaufwand und Verantwortung tragen muss, fallen abhängig des Warenwertes zusätzliche Kosten an, für welche der Käufer aufkommen muss.[11]

2.7 Giropay

Derzeit stellt Giropay mit 17% eine der weniger frequentierten Zahlungsmethoden im Online-Handel dar, ist aber dennoch keineswegs zu vernachlässigen. Schon etwa 1500 Sparkassen und weitere Banken unterstützen dieses sichere und vor allem einfache Bezahlverfahren. Die Funktionsweise ist dementsprechend recht simpel, nach der Auswahl der gewünschten Bezahlmethode wird man auf die Online-Banking-Seite der entsprechenden Bank weitergeleitet und muss sich nun mit den Bankzugangsdaten anmelden, was eine zusätzliche Registrierung erspart. Nach der Eingabe der Kontonummer sowie des PIN-Codes wird ein schon ausgefülltes Überweisungsformular bereitgestellt, welches die Bankdaten des Empfängers, den Verwendungszweck sowie den Rechnungsbetrag enthält. Abschließend wird lediglich die Bestätigung der entsprechenden TAN benötigt, was die Zahlung letztendlich abschließt und dem Verkäufer eine Zahlungsbestätigung zukommen lässt.[12]

---

[11]Vgl. Zahlungsarten in Online-Shops – Zahlung per Nachnahme
[12]Vgl. Bezahlen mit Giropay – So geht's!

2.8 Zahlung abgesichert über einen Dienstleister

Aufgrund des hohen Risikos für Online-Händler, welches beispielsweise beim Kauf auf Rechnung entsteht, wird in vielen Online-Shops die Zahlung über Drittanbieter abgewickelt. Dies ist sowohl für den Händler als auch für den Kunden ein großer Vorteil, denn die Dienstleister übernehmen jegliche Verpflichtungen, welche mit der Abwicklung der Zahlung einhergehen. So bezahlt der Kunde nicht mehr direkt an den Händler, sondern an den Zahlungsdienstleister, welcher wiederum an den Händler zahlt. Dieser kommt auch für die Zahlung auf, wenn der Kunde selbst nicht für die Rechnung aufkommt. Jedoch verzichten auch die Zahlungsanbieter nicht auf eine Bonitätsprüfung, was dazu führt, dass beispielsweise der Rechnungskauf trotz Absicherung durch einen Dienstleister nicht für jeden Kunden angeboten wird. Bekannte Zahlungsanbieter sind beispielsweise PayMorrow, Billpay, Saferpay, RatePay, Billsafe, iClear oder Klarna. Abhängig vom jeweiligen Dienstleister können jedoch zusätzliche Gebühren anfallen.[13]

3 Angeboten heißt nicht gleich genutzt

3.1 Welche Zahlungsmethoden werden am meisten genutzt?

In einer eigenhändig erstellten Umfrage wurden 100 Schülerinnen und Schüler der gymnasialen Oberstufe des Johann-Christian-Reinhart-Gymnasiums Hof zu ihren Präferenzen beim Onlineshopping befragt.[14] Die Auswertung der ersten Frage gibt Aufschluss darüber, welche Zahlungsmethoden die Befragten bei Käufen im Internet vorwiegend nutzen.

---

[13]Vgl. Bezahlen im Internet – Die wichtigsten Verfahren im Überblick
[14]Abbildung 3: Umfrage zu Zahlungsmethoden im Internet

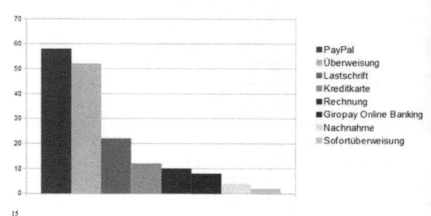

[15]

Das Diagramm zeigt, dass mehr als 50% der befragten Schüler die Zahlungsmethode PayPal oder Überweisung nutzen, wobei die Bezahlung per PayPal mit 58% auf Platz 1 und die Überweisung mit 52% auf Platz 2 kommt. Die von den Befragten am dritthäufigsten genutzte Zahlungsmethode stellt mit 22% die Zahlung per Lastschrift dar. Die Kreditkarte gaben nur 12% der Befragten als Zahlungsmethode ihrer Käufe im Internet an. Die Rechnung kommt als Bezahlmethode im Internet auf 10%, Giropay, Nachnahme und die Sofortüberweisung sind mit weniger als 10% nur schwach frequentiert.

Wenn man diese Ergebnisse mit denen der meist angebotenen Bezahlmethoden in Online-Shops vergleicht, lässt sich leicht ein Zusammenhang herstellen. Die Zahlung per Überweisung und per PayPal stellen sowohl bei den meist angebotenen und bei den meist genutzten Zahlungsmethoden deutlich Platz 1 und 2 dar. Jedoch fällt bei der Zahlung per Rechnung ein enormer Unterschied auf. Während sie von 48% der Onlinehändler angeboten wird, ist sie in Wirklichkeit mit nur 10% eine der am wenigsten genutzten Bezahlverfahren in Onlineshops.

---

[15] Abbildung 4: Umfrage Diagramm1

3.2 Präferenzen der Kunden beim Bezahlen im Internet

Doch warum werden Zahlungsverfahren wie PayPal und Überweisung so häufig und andere Verfahren wie beispielsweise das Zahlen per Rechnung, Nachnahme oder Sofortüberweisung so wenig genutzt? Um diese Frage zu beantworten, beschäftigt sich der zweite Teil der Umfrage mit den Präferenzen beim Bezahlen im Internet.

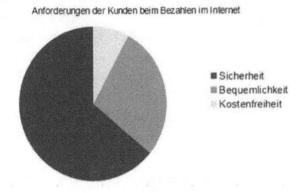

Anforderungen der Kunden beim Bezahlen im Internet

16

Die Umfrage zeigt, dass für 64% der Befragten die Sicherheit der Zahlung in Online-Shops an erster Stelle steht. Die Bequemlichkeit der Zahlung stellt mit 28% lediglich das zweitwichtigste Attribut dar. Mit nur 8% ist die Kostenfreiheit zwar eine nennenswerte Präferenz der Kunden, jedoch keineswegs so wichtig wie die Sicherheit und die Bequemlichkeit der Zahlungsmethode.

3.3 Eine Zahlungsart für jeden Kundentyp

Da nun Aufschluss darüber gegeben wurde, was den Kunden an einer Zahlungsmethode wichtig ist, stellt sich natürlich die Frage, welches Bezahlverfahren eigentlich für die einzelnen Kundentypen am besten geeignet ist.

---

[16] Abbildung 5: Umfrage Diagramm2

3.3.1 Die Zahlung auf Rechnung – Das wohl sicherste Zahlungsverfahren

Erst die Ware, dann das Geld – Die Zahlung auf Rechnung vertritt ein wohl jedem bekanntes Leitmotiv. Aus Sicht des Kunden ist diese Bezahlmethode sehr sicher, da keine Bezahlung vor Erhalt der Ware gefordert wird. Die der Ware beiliegende Rechnung muss lediglich in einem Zeitraum von 14 bis 30 Tagen meist per Überweisung beglichen werden. Dem Kunden bleibt also die Möglichkeit, das Paket zu öffnen und die Ware zu überprüfen, sowie im Falle der Unzufriedenheit eine Rücksendung durchzuführen, ohne vorher bezahlt zu haben.[17] Ein weiterer positiver Aspekt dieses Zahlungsverfahren ist, dass keine vertraulichen Informationen wie beispielsweise Kontodaten online offengelegt werden müssen, denn die Überweisung des Rechnungsbetrags kann persönlich bei der Hausbank des Kunden erfolgen, was eventuellen Datenmissbrauch ausschließt und die Sicherheit für den Kunden gewährleistet.[18]

Die Zahlung auf Rechnung überzeugt im Bereich Sicherheit, hat dafür jedoch in anderen Bereichen diverse Nachteile. Verständlicherweise bedeutet es ein hohes Risiko, ohne den Erhalt der Bezahlung die Ware zu versenden, sowie die Zinskosten für die aufgeschobene Zahlung tragen zu müssen. Deswegen wird die Zahlung auf Rechnung meist nur bis zu einem bestimmten Zahlungsbetrag, oft ausschließlich für Stammkunden und für eine Lieferung innerhalb Deutschlands angeboten. Zudem überprüfen Unternehmen häufig vorhandene Schufa-Einträge der Kunden und verweigern die Zahlung auf Rechnung falls diese nicht ihren Anforderungen entspricht. [19] Um das Zahlungsausfallrisiko zu minimieren, lassen viele Online-Händler eine Bonitätsprüfung des Kunden durchführen, welche Namens- und Adressdaten in Echtzeit prüft und mit bestehenden sogenannten „Blacklists" abgleicht. Für diesen zusätzlichen Arbeitsaufwand und den anfallenden Kosten für die Bonitätsprüfung kann der Händler den Kunden in Form von Zusatzgebühren aufkommen lassen.[20]

---

[17]Vgl. Zahlungsarten in Online-Shops – Zahlung auf Rechnung
[18]Vgl. Definition – Kauf auf Rechnung
[19]Vgl. Zahlungsarten in Online-Shops – Zahlung auf Rechnung
[20]Vgl. Rechnungskauf – Vorteile, Nachteile und ein Tipp

3.3.2 Giropay – Der „Newcomer" in Sachen Bequemlichkeit

Das bereits vorgestellte Bezahlverfahren Giropay, welches im Februar 2006 von Teilen der deutschen Kreditwirtschaft gegründet wurde, entpuppt sich als echter „Newcomer" unter den Bezahlmethoden im Internet. Vor allem in Sachen Bequemlichkeit überzeugt Giropay, welches ganze 8 Jahre jünger als der im Jahre 1998 gegründete amerikanische Konkurrent PayPal ist. Im Gegensatz zu PayPal verzichtet Giropay auf eine gesonderte Registrierung, denn lediglich ein herkömmliches Girokonto wird für die Nutzung vorausgesetzt. Dies erspart Kunden Neuanlegen und vor allem Merken von zusätzlichen Kundendaten. Einen weiteren Vorteil im Bereich Bequemlichkeit bietet das deutsche Zahlungsverfahren mit dem bereits vorbereiteten Überweisungsformular, welches jegliche erforderliche Daten des Zahlungsempfängers und -senders enthält und Tippfehler sowie Falscheingaben verhindert. Die Vorteile bei der Bequemlichkeit stehen für sich, jedoch sollten ebenfalls die Nachteile der noch jungen Bezahlmethode beachtet werden. Beispielsweise kann es zum Missbrauch durch eine Schadsoftware kommen, da Giropay nicht prüft, ob die Webseite, zu der der Kunde im Verlauf des Zahlungsvorgangs weitergeleitet wird, die korrekte Website der eigenen Bank ist. An dieser Stelle muss der Kunde selbst prüfen, ob ein Betrugsversuch vorliegt. Ein weiterer Nachteil ist, dass nicht wie bei PayPal die Zahlung zurückgefordert werden kann. Für die hohe Bequemlichkeit, welche Giropay den Kunden bietet, müssen jedoch noch einige Nachteile in Sachen Sicherheit in Kauf genommen werden. [21]

3.3.3 Kostenfreiheit ist nichts Besonderes

Für den Kunden sind die meisten Bezahlmethoden im Internet kostenfrei. Lediglich bei der Zahlung per Rechnung, Sofortüberweisung, Nachnahme und der abgesicherten Zahlung über einen Dienstleister fallen für den Kunden zusätzliche Kosten an. Beispielsweise PayPal lässt sich seinen Dienst als Zahlungsmittelmann durch den Händler bezahlen, sodass keine zusätzlichen Kosten für den Kunden auftreten. Wer also Wert auf eine kostenfreie Zahlung legt, dem steht ein großes Angebot an Zahlungsmethoden zur Verfügung.

---

[21]Vgl. Berg, So funktioniert das Bezahlverfahren Giropay

3.4 Das beste Bezahlverfahren

Die beste Bezahlmethode gibt es so nicht, denn jedes Zahlungsverfahren hat seine Vor- und Nachteile. Keine der vorgestellten Zahlungsmethoden erfüllt alle der drei Kriterien Sicherheit, Komfort und Kostenfreiheit optimal. Als Kunde muss man also abwägen, welches Kriterium einem am wichtigsten ist und schlussendlich einen Kompromiss eingehen. Jedoch kann man sagen, dass PayPal nicht unverdient die meistgenutzte Zahlungsmethode in Online-Shops ist.[22] Denn das amerikanische Unternehmen überzeugt mit einer sehr hohen Verbreitung des Bezahlsystems. Die Zahlungsmethode wird in zahlreichen Online-Shops im Inland und Ausland angeboten. Ein großer Vorteil ist auch, dass der Zahlungsvorgang schnell und einfach abzuwickeln ist und der Zahlungsempfänger keine Bankdaten oder Kreditkartendaten des Käufers erhält. Der Verkäufer erhält sofort den Zahlungsbetrag auf seinem Konto gutgeschrieben, was zu einem schnellen Versandt führt. Außerdem unterliegen die meisten Einkäufe über PayPal dem eigenen PayPal-Käuferschutz, was eine Rückforderung des Geldes bei Nichtzufriedenheit des Käufers garantiert.[23] PayPal stellt einen guten Kompromiss zwischen Sicherheit und Komfort dar und ist zudem noch für Privatkunden kostenfrei.

3.5 Ein Tipp zum Bezahlen in Online-Shops

Unabhängig von der gewählten Zahlungsmethode, sollte man ausschließlich in Online-Shops einkaufen, die alle Daten über eine verschlüsselte SSL-Verbindung übertragen, was einen sicheren Datentransfer der personenbezogenen Daten sowie der Bank- oder Kreditkartendaten gewährleistet und Datenmissbrauch verhindert. Ob eine sichere SSL-Verschlüsselung vorliegt, lässt sich in der URL-Zeile des Browsers erkennen. Hier steht im Falle einer SSL-Verschlüsselung ein „https" anstatt eines „http". Außer der sicheren Verschlüsselung, sollten noch andere Dinge geprüft werden, welche einen seriösen Online-Shop ausmachen. Bestenfalls sollte der Shop über ein sogenanntes „Trusted Shops" Zertifikat verfügen, welches anhand eines besonderen Siegels[24] auf der Website des Online-Shops zu erkennen ist. Außerdem sollte überprüft werden, ob das Impressum des Online-Shops vollständig ist. Dieses

---

[22] Anhand der Ergebnisse der Schülerumfrage am Johann-Christian-Reinhart-Gymnasium Hof (Abbildung 3)
[23] Vgl. Der Bezahldienst PayPal
[24] Abbildung 6: Siegel „Trusted Shops"

sollte die Unternehmensadresse, eine Telefon- und gegebenenfalls Fax-Nummer und eine E-Mail Adresse enthalten. Es sollte außerdem klar erkennbar sein, wer der Betreiber des Shops ist, lediglich die Angabe eines Postfachs sollte Misstrauen auslösen. Des Weiteren kann man die Telefonnummer überprüfen, indem man einen Testanruf durchführt und gegebenenfalls auf einen Rückruf warten. Auch an den Shop gerichtete E-Mail sollten zeitnah beantwortet werden. Wenn all diese Kriterien positiv beantwortet werden können, kann man von einem seriösen Händler ausgehen, und ohne Angst haben zu müssen, einkaufen.[25]

4 Neuartige Bezahlmethoden
Bezahlen ohne Kreditkarte und ohne Bargeld im Supermarkt? Das schien bis vor kurzem noch undenkbar. Doch auf der WWDC 2014 sorgte das amerikanische Unternehmen Apple wohl für eine Revolution des bargeldlosen Bezahlen.

4.1 Apple Pay
Mit Apple Pay führte Apple einen kontaktlosen Bezahldienst ein, der einem ermöglicht, seine Geldbörse mit Bargeld und Kreditkarte zu Hause zu lassen, wenn man sein iPhone dabei hast. Denn ab sofort ist es möglich, Einkäufe an der Kasse mit nur einem einzigen Touch zu zahlen, ohne die Kreditkarte herausholen zu müssen. Voraussetzung für die Nutzung von Apple Pay ist die Hinterlegung der Kreditkartendaten in einem iPhone oder der Apple Watch. An der Kasse muss das Gerät an den NFC Sensor gehalten werden und die Zahlung per Touch ID durch den Fingerabdruck autorisiert werden. Für diesen Prozess muss das iPhone nicht einmal entsperrt werden, weitere Eingaben sind dementsprechend auch nicht nötig. Apple sendet per NFC (Near Field-Communication) einen Token an das Kassensystem, welcher als einmaliger Authentifizierungsschlüssel fungiert und die verschlüsselten Kreditkartendaten enthält, welche im iPhone oder der Apple Watch hinterlegt wurden. Mit Apple Pay kann man ohne Betragslimit einkaufen, es sei denn ein solches ist durch die Kreditkarte festgelegt. Die Kreditkartendaten sind in der Passbook App gespeichert, in welcher auch Eintrittskarten, Bordkarten, Gutscheine oder Kundenkarten digitalisiert werden. Apple Pay ist auf jedem iPhone ab der sechsten Generation verfügbar, kann jedoch auch mit älteren Modellen genutzt werden, sofern

---

[25]Vgl. Checkliste: Wie erkennen, ob der Online-Shop seriös ist

diese mit einer Apple Watch verbunden werden. [26] Apples Bezahldienst kann momentan in Australien, China, Frankreich, Großbritannien, Hongkong, Kanada, der Schweiz, Singapur und den USA genutzt werden, jedoch steht der Release für etliche andere Länder, unter anderem Deutschland, schon in den Startlöchern. [27]

Bezahlung über das Smartphone per NFC wird nicht nur von Apple angeboten, auch Googles Android Pay, welches von Android Smartphones unterstützt wird, setzt auf die Datenübertragung per NFC.

4.2 Paysafecard

Seit dem Jahr 2000 gibt es mit der Paysafecard eine interessante Alternative für Zahlungen im Internet. Sie ist ein elektronisches Zahlungsmittel, welches auf das Prepaid-System basiert. Die Paysafecard ist eines der bekanntesten und am weitesten verbreiteten neuartigen Zahlungsmittel, denn 36% der befragten Schülerinnen und Schüler der elften Klasse des JCRG Hof gaben an, diese Zahlungsmethode bereits genutzt zu haben. [28] Eine Paysafecard kann man an zahlreichen Verkaufsstellen erwerben, beispielsweise an Tankstellen, Lotto-Annahmestellen oder Post-Filialen. Sie ist in Guthabenbeträgen von 10, 25, 50 und 100 Euro verfügbar, welche man an der Kasse bezahlen muss. Jede dieser Guthabenkarten enthält einen 16-stelligen PIN-Code und kann zusätzlich durch ein individuelles Passwort geschützt werden, welches bei der Zahlung festgelegt werden kann. Außerdem gibt es eine Paysafecard für Jugendliche unter 18 Jahren, welche ausschließlich für den Einsatz auf jugendfreien Seiten geeignet ist. Die Zahlung per Paysafecard ist recht simpel, nach Auswahl der Bezahlmethode per Paysafecard muss lediglich der 16-stellige PIN-Code und gegebenenfalls der selbst gesetzte PIN-Code eingegeben werden. Anschließend werden die angegebenen Daten von einem Paysafecard-Server geprüft und die Zahlung freigegeben. Es können auch mehrere Paysafecards miteinander kombiniert werden, wobei der Maximalbetrag einer Bestellung via Paysafecard bei 1000 Euro liegt. [29]

---

[26]Vgl. Apple Pay: iPhone-Bezahlsystem einfach erklärt
[27]Vgl. Verfügbarkeit von iOS Features
[28]Abbildung 7: Verbreitung neuartiger Zahlungsmethoden
[29]Vgl. Scholl, Wie funktioniert die Paysafecard?

4.3 Kryptowährungen – Bergbau im Internet?

Kryptowährungen sind Währungen, die ähnlich wie das ganz normale Geld funktionieren. Man kann damit in vielen Annahmestellen, vor allem aber online, bezahlen. Jedoch verdient man sie sich nicht mit „menschlicher" Arbeit, sondern durch das Entschlüsseln von Datensätzen, das sogenannte Mining.[30]

Die wohl bekannteste Kryptowährung, der Bitcoin, war zu Beginn eine ausschließlich von Privatpersonen geförderte Währung. Der Erfinder, welcher jedoch nur unter dem Pseudonym „Satoshi Nakamoto" bekannt ist, programmierte den Algorithmus zur Erschließung dieser Kryptowährung. Anfangs war jeder normale Mensch in der Lage, Bitcoins zu „minen", also zu fördern. Dafür musste man die Rechenleistung seines Computers zur Verfügung stellen, um eine Datenkette, auch Blockchain genannt, zu entschlüsseln. Aufgrund des starken Zuwachs an Rechenleistung mussten auch die Datenketten komplexer werden, also kam es zu Zusammenschlüssen mehrerer Privatpersonen zu Miningteams. Durch das gemeinsame minen an einer Datenkette konnte diese schneller entschlüsselt und die Bitcoins schneller erwirtschaftet werden. Später wurden Maschinen zur schnelleren Entschlüsselung von Datenketten durch enorme Rechenleistung erfunden, sogenannte Bitcoin ATM's. Dementsprechend ist werden starke Kühlsysteme benötigt, was den Stromverbrauch für solche Maschinen massiv erhöht.   Das Mining von Bitcoins wurde mehr und mehr kommerziell, mittlerweile gibt es etliche Firmen, die durch die Herstellung von Bitcoins extremen Profit machen. Auch Privatpersonen können durch Geldanlagen ähnlich wie bei Aktiengeschäften einen Anteil am Gesamtgewinn dieser Firmen erwirtschaften.[31]

Der Bitcoin ist durch das enorme Potential eine große „Geldmine" für Unternehmen. Beispielsweise Edeka und Steam bieten online die Zahlung per Bitcoin an. Immer mehr Unternehmen wollen sich beteiligen und Profit erwirtschaften.

---

[30]Schiling, Kryptowährung? Was ist das?
[31]Vgl. Der Werdegang am Beispiel von Bitcoin

Ein großer Nachteil und vor allem auch eine Gefahr des Bitcoins ist seine Anonymität. Diese führt zum Missbrauch durch Kriminelle, die anonym über Kryptowährungen wie Bitcoins Waffen, Drogen und weitere illegale Dinge kaufen und verkaufen können.[32]

5   Eine bargeldlose Zukunft?

Immer mehr Länder überlegen, Bargeld abzuschaffen. Während in Dänemark Geschäfte dazu verpflichtet sind, Bargeld anzunehmen, müssen Touristen in Schweden feststellen, dass man Bustickets nicht mehr überall in bar zahlen kann. Befürworter der Abschaffung von Bargeld behaupten, dass Bargeld ausschließlich von Kriminellen gebraucht wird um anonym zu zahlen. Außerdem würden in einer bargeldlosen Zukunft Delikte wie Steuerhinterziehung oder Raubüberfälle nichtig werden, denn Geld in den Kassen gäbe es nicht mehr. Auch die Zentralbanken hätten enorme Vorteile von der Abschaffung des Bargeldes. Bei Negativzinsen würde man das Geld abheben, um Verlust zu vermeiden. Ohne Bargeld wäre man der Senkung von Zinsen jedoch wehrlos unterlegen und zum Konsum gezwungen. Eine Zukunft ohne Bargeld würde auch der Personenüberwachung in die Karten spielen, denn jeder noch so kleine Einkauf, beispielsweise ein Eis am Kiosk, ein Bier im Club oder eine Busfahrkarte würde mit Artikel, Betrag, Ort und Uhrzeit dokumentiert werden und daraus ein ausführliches Profils eines jeden Alltags geschaffen werden können.[33]

> Die bargeldlosen Zahlungen nehmen auch in Deutschland zu, dieser Trend wird anhalten. Den Umkehrschluss darf man aber nicht ziehen. Wir können uns nicht vorstellen, dass die Menschen ganz auf Bargeld verzichten wollen.[34]

Eine bargeldlose Zukunft hält auch der Präsident des Bundes der Selbständigen, Marco Altlinger für nicht möglich. Er sieht in dem Bargeld eine geprägte Freiheit und führt an, dass vor allem für Klein- und Mittelbetriebe die Umstellung auf bargeldlosen Zahlungsverkehr mit enormen Kosten verbunden wäre. Des Weiteren wäre die Abschaffung des Bargeldes aus Datenschutzgründen sehr problematisch und würde

---

[32]Vgl. Vorteile, Schwächen und Nachteile von Kryptowährungen
[33]Vgl. Girlich, Bargeldlose Zukunft
[34]Schmautz Roland, Interview mit „marktspiegel.de"

ausschließlich für Banken einen Vorteil bringen.[35] Auch wenn der Trend immer mehr zum bargeldlosen Bezahlen übergeht, darf man wohl nicht mit einer bargeldlosen Zukunft rechnen. Ob dies nun zu bedauern ist, wird jedem selbst überlassen.

---

[35]Vgl. Bargeldabschaffung: Nimmt uns die Regierung 2018 das Bargeld weg?

6   Anhang

Abbildung 1: „Angebotene Zahlungsverfahren von Online-Händlern 2015 – Welche Zahlungsverfahren bieten Sie Ihren Kunden in Ihrem Online-Shop an?" unter: https://de.statista.com/statistik/daten/studie/164703/umfrage/angebotene-zahlungsverfahren-von-online-haendlern/ (abgerufen am 20.10 2016)

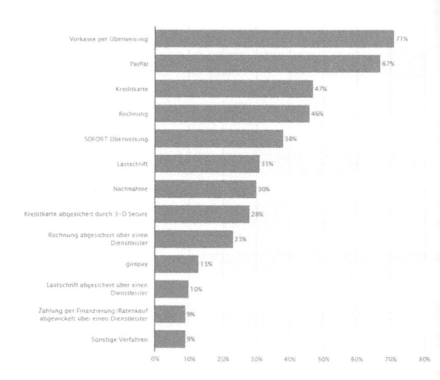

Abbildung 2: „3D-Secure Screenshot" unter:
https://www.santander.de/de/privatkunden/konto_und_karte/sicherheit/3d_secure/f
unktionsweise/Funktionsweise.html (abgerufen am 23.10 2016)

Abbildung 3: „Umfrage zu Zahlungsmethoden im Internet" Quelle: Eigene Darstellung

11.10.2016

Lieber Mitschülerin / Lieber Mitschüler am Johann-Christian-Reinhart Gymnasium,
im Rahmen meiner Seminararbeit „Bezahlen im Internet – und darüber hinaus" möchte ich dich bitten, diese kurze Umfrage zum Thema Online-Zahlungsmethoden auszufüllen.

1. Welche Zahlungsmethode/n nutzt du vorwiegend bei Käufen im Internet?
(mehrere Auswahlmöglichkeiten)

☐ Überweisung

☐ Lastschrift

☐ Nachnahme

☐ Kreditkartenzahlung

☐ Giropay oder Online-Banking

☐ Paypal

☐ Sonstige: _____

2. Was ist dir bei der Wahl der Zahlungsmethode am wichtigsten?
(nur eine Auswahlmöglichkeit)

☐ Sicherheit

☐ Bequemlichkeit

☐ Kostenfreiheit

☐ Sonstige: _____

3. Welche neuartigen Zahlungsmethoden hast du schon genutzt?
(mehrere Auswahlmöglichkeiten)

Bezahlen per:

☐ NFC (Near Field Communication)

☐ Paysavecard

☐ Kryptowährungen (z.B Bitcoin)

☐ Sonstige: _____

Hannes Emtmann Q11 – Seminarleiter Stefan Weinrich

Abbildung 4: „Umfrage Diagramm1" Quelle: Eigene Darstellung

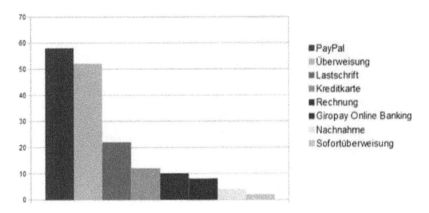

Genutzte Zahlungsmethoden bei Käufen im Internet

■ PayPal
▨ Überweisung
■ Lastschrift
▨ Kreditkarte
■ Rechnung
■ Giropay Online Banking
▨ Nachnahme
▨ Sofortüberweisung

Abbildung 5: „Umfrage Diagramm1" Quelle: Eigene Darstellung

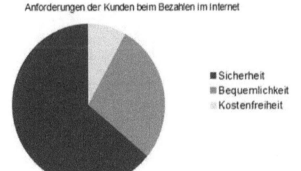

Anforderungen der Kunden beim Bezahlen im Internet

■ Sicherheit
▨ Bequemlichkeit
▨ Kostenfreiheit

Bezahlen im Internet – und darüber Hinaus   Hannes Emtmann

Abbildung 6: „Siegel Trusted Shops" unter: http://www.startup-
unternehmer.de/img/trusted_shops_siegel.jpg (abgerufen am 05.11.2016)

Abbildung 7: „Verbreitung neuartiger Zahlungsmethoden" Quelle: Eigene Darstellung

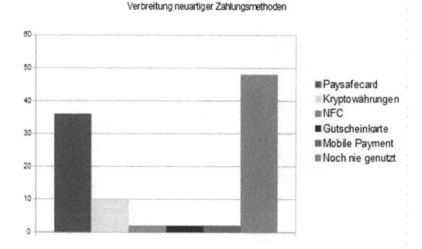

7   Quellen und Literatur

2. „Zahlungsarten in Online-Shops - Zahlung per Vorkasse", unter: http://zahlung.com/zahlungsarten-in-online-shops/zahlung-per-vorkasse/ (abgerufen am 18.09.2016)

3. „Zahlung per Überweisung – Zahlung per Sofortüberweisung", unter: http://zahlung.com/zahlung-per-uberweisung/zahlung-per-sofortuberweisung/ (abgerufen am 05.11.2016)

4. Baykara, Selim: „Was ist PayPal? Ist es sicher und wie funktioniert es?", unter: http://www.giga.de/webapps/paypal/tipps/was-ist-paypal-ist-es-sicher-und-wie-funktioniert-es/ (abgerufen am 25.09.2016)

5. „Die Zahlung mit Kreditkarte – so funktioniert es", unter: http://kreditkartebilliger.de/blog/die-zahlung-mit-kreditkarte-so-funktioniert-es/ (abgerufen am 25.09.2016)

6. „Sicher Bezahlen im Internet – mit 3D Secure", unter: https://www.deutsche-bank.de/pfb/content/pk-service-3d-secure.html (abgerufen am 09.10.2016)

8. „Kreditkartenschutz 3D Secure", unter: https://www.banken-auskunft.de/ratgeber/kreditkartenschutz-3d-secure (abgerufen am 09.10.2016)

9. „Zahlungsarten in Online-Shops – Zahlung auf Rechnung" unter: http://zahlung.com/zahlungsarten-in-online-shops/zahlung-auf-rechnung/ (abgerufen am 29.10.2016)

10. „Zahlungsarten in Online-Shops – Zahlung per Lastschrift", unter: http://zahlung.com/zahlung-per-lastschrift/ (abgerufen am 09.10.2016)

11. „Zahlungsarten in Online-Shops – Zahlung per Nachnahme", unter: http://zahlung.com/zahlungsarten-in-online-shops/zahlung-per-nachnahme/ (abgerufen am 09.10.2016)

12. „Bezahlen mit Giropay – So geht's!", unter: http://www.zahlungsmittel.org/giropay/bezahlen-mit-giropay/ (abgerufen am 20.10.2016)

13. „Bezahlen im Internet – Die wichtigsten Verfahren im Überblick", unter: http://www.zahlungsmittel.org/ (abgerufen am 03.11.2016)

17. „Zahlungsarten in Online-Shops – Zahlung auf Rechnung", unter: http://zahlung.com/zahlungsarten-in-online-shops/zahlung-auf-rechnung/ (abgerufen am 30.09.2016)

18. „Definition – Kauf auf Rechnung", unter: http://www.onpulson.de/lexikon/kauf-auf-rechnung/ (abgerufen am 29.10.2016)

19. „Zahlungsarten in Online-Shops – Zahlung auf Rechnung „, unter: http://zahlung.com/zahlungsarten-in-online-shops/zahlung-auf-rechnung/ (abgerufen am 30.09.2016)

20. „Rechnungskauf – Vorteile, Nachteile und ein Tipp", unter: http://www.novalnet.de/magazin/rechnungskauf-%E2%80%93-vorteile-nachteile-und-ein-tipp (abgerufen am 29.10.2016)

21. Berg Mischa, „So funktioniert das Bezahlverfahren Giropay", unter: http://www.bankenvergleich.de/funktioniert-das-bezahlverfahren-giropay/ (abgerufen am 01.11.2016)

23. „Der Bezahldienst PayPal", unter: http://www.tagesgeldvergleich.com/online-bezahlsysteme/paypal (abgerufen am 03.11.2016)

25. „Wie erkennen, ob der Online-Shop seriös ist", unter: http://www.zahlungsmittel.org/ (abgerufen am 03.11.2016)

26. „Apple Pay: iPhone-Bezahlsystem einfach erklärt", unter: https://www.netzwelt.de/apple-pay/index.html (abgerufen am 04.11.2016)

27. „Verfügbarkeit von iOS Features", unter: http://www.apple.com/de/ios/feature-availability/#apple-pay (abgerufen am 04.11.2016)

29. Scholl Sarina, „Wie funktioniert die Paysafecard?", unter: http://www.helpster.de/wie-funktioniert-die-paysafecard_14211 (abgerufen am 04.11.2016)

30. Schilling Erik, „Kryptowährung? Was ist das?", unter: http://www.investideen.de/was-ist/kryptowaehrung/ (abgerufen am 05.11.2016)

31. Schilling Erik, „Der Werdegang am Beispiel von Bitcoin", unter: http://www.investideen.de/was-ist/kryptowaehrung/ (abgerufen am 05.11.2016)

32. Schilling Erik, „Vorteile, Schwächen und Nachteile von Kryptowährungen", unter: http://www.investideen.de/was-ist/kryptowaehrung/ (abgerufen am 05.11.2016)

33. Girlich Jan, „Bargeldlose Zukunft", unter: https://netzpolitik.org/2015/bargeldlose-zukunft/ (abgerufen am 05.11.2016)

34. Schmautz Roland, im Interview mit „marktspiegel.de", unter: http://www.marktspiegel.de/nuernberg/lokales/bargeld-abschaffung-nimmt-uns-die-regierung-2018-das-bargeld-weg-d10776.html (abgerufen am 05.11.2016)

35. „Bargeldabschaffung: Nimmt uns die Regierung 2018 das Bargeld weg?", unter: http://www.marktspiegel.de/nuernberg/lokales/bargeld-abschaffung-nimmt-uns-die-regierung-2018-das-bargeld-weg-d10776.html (abgerufen am 05.11.2016)

BEI GRIN MACHT SICH IHR
WISSEN BEZAHLT

- Wir veröffentlichen Ihre Hausarbeit,
  Bachelor- und Masterarbeit

- Ihr eigenes eBook und Buch -
  weltweit in allen wichtigen Shops

- Verdienen Sie an jedem Verkauf

Jetzt bei www.GRIN.com hochladen
und kostenlos publizieren

www.ingramcontent.com/pod-product-compliance
Lightning Source LLC
La Vergne TN
LVHW042310060326
832902LV00009B/1382